EL CINE COMO RECURSO DIDÁCTICO:

ANÁLISIS FÍLMICO DE LOS JUEGOS POPULARES Y TRADICIONALES

JULIO ÁNGEL HERRADOR SÁNCHEZ

Título:	EL CINE COMO RECURSO DIDÁCTICO: ANÁLISIS FÍLMICO DE LOS JUEGOS POPULARES Y TRADICIONALES
Autor:	JULIO ÁNGEL HERRADOR SÁNCHEZ
Editorial:	WANCEULEN EDITORIAL DEPORTIVA, S.L. C/ Cristo del Desamparo y Abandono, 56 41006 SEVILLA Tlfs 954656661 y 954920298 www.wanceulen.com infoeditorial@wanceulen.com
ISBN:	978-84-9993-313-9
Dep. Legal:	SE 551-2013
©Copyright:	WANCEULEN EDITORIAL DEPORTIVA, S.L.
Primera Edición:	Año 2013

Fotografía de portada: Samuel Zeller on Unsplash

Reservados todos los derechos. Queda prohibido reproducir, almacenar en sistemas de recuperación de la información y transmitir parte alguna de esta publicación, cualquiera que sea el medio empleado (electrónico, mecánico, fotocopia, impresión, grabación, etc), sin el permiso de los titulares de los derechos de propiedad intelectual. Cualquier forma de reproducción, distribución, comunicación pública o transformación de esta obra solo puede ser realizada con la autorización de sus titulares, salvo excepción prevista por la ley. Diríjase a CEDRO (Centro Español de Derechos Reprográficos, www.cedro.org) si necesita fotocopiar o escanear algún fragmento de esta obra.

A mi hermano Eduardo

Por que su vida, es el claro ejemplo entre el cine dramático y de suspense, junto al de ciencia ficción

"...En realidad, es el recuerdo de la sala de cine en sí misma la que viene a mi mente. Recuerdo que de niño me llevaban al cine mi padre, mi madre o mi hermano y que mi primera sensación fue la de penetrar en un mundo mágico: la alfombra mullida, el olor a palomitas de maíz frescas, la oscuridad, la sensación de seguridad y sobre todo de estar en un santuario: todas estas cosas evocan en mi memoria un mundo de sueños. Un lugar que provocaba y agrandaba mi imaginación".

Scorsese, 2000

ÍNDICE

PRÓLOGO 9

PRIMERA PARTE: MARCO EXPERIMENTAL 13
CAPÍTULO 1. INTRODUCCIÓN 15
CAPÍTULO 2. JUSTIFICACIÓN 21
CAPÍTULO 3. ANTECEDENTES Y OBJETIVOS 27
CAPÍTULO 4. METODOLOGÍA 31
CAPÍTULO 5. INSTRUMENTOS DE MEDIDA Y RESULTADOS ... 35
CAPÍTULO 6. DISCUSIÓN Y TEMPORALIZACIÓN 41

SEGUNDA PARTE: FUNDAMENTACIÓN TEÓRICA 45
CAPÍTULO 7. JUEGOS TRADICIONALES Y POPULARES EN EL CINE .. 47
- EL TROMPO O PEONZA 47
- EL ESCONDITE 49
- SALTO DE COMBA 51
- COLUMPIO 54
- CANICAS 55
- RODAR EL ARO 58
- HULA_HOP 58
- EL PILLA PILLA 58
- COMETAS 59
- RAYUELA 59
- JUEGOS DE IMITACIÓN 61
- JUEGOS DE CORRO 61

- SALTO DE PÍDOLA 62
- GALLINA CIEGA 62
- 1,2,3 TOCA LA PARED (POLLITO INGLÉS) 62
- PALMADAS 63
- POLLITO 64
- JUEGOS DE SUERTE 65
- CARRERAS DE SACOS 65
- JUEGOS PELIGROSOS 65
- TODO ES UN JUEGO 66

CAPÍTULO 8. APLICACIÓN DIDÁCTICA 69

CAPÍTULO 9. PROSPECTIVA DE FUTURO Y CONCLUSIONES 75

REFERENCIAS BIBLIOGRÁFICAS 79

PRÓLOGO

Los estudios interdisciplinares siempre buscan lugares comunes. Se da una visión de una determinada realidad desde dos disciplinas. La Biología y la Educación Física (EF) buscan un punto de encuentro como la salud y de ello surge una actividad física saludable. En el caso de la EF podemos relacionarla con las más diversas materias: las ciencias naturales y las actividades físicas en el medio natural; la historia y el deporte; la cultura y los juegos deportivos; la pintura y el ejercicio físico, etc.

Nuestro querido compañero José Luis Salvador (2004), recientemente fallecido, tiene una obra pionera sobre "Cine y el Deporte" y relaciona el mundo del cine y el deporte.

La imagen tiene un poder de seducción indudable y más si son imágenes en movimiento (kine = movimiento) De ahí viene el Cine. Es evidente que en la sociedad de la imagen, el cine sea un recurso didáctico de primer orden. Dentro de la competencia cultural y artística, la Educación Física puede aportar el cuerpo en movimiento, sus capacidades expresivas y comunicativas, tanto artísticas como culturales como son los juegos populares y tradicionales, insertos en un momento cultural determinado.

El estudio de los juegos populares y tradicionales que aparecen en las películas, supone un análisis e investigación que, con una metodología y recogida de datos rigurosa, realiza el autor de esta obra. Nos facilita las imágenes concretas donde aparecen unos juegos que muestran una manifestación cultural determinada relacionada con el momento histórico en que se sitúa la película. El estudio es apasionante y es lo que realiza esta obra que añade una visión más del juego a lo largo de la historia, de la sociedad de una determinada época y que refleja la realidad socio cultural de la propia historia que narra la película.

En nuestra enseñanza diaria es muy necesario el empleo de recursos didácticos que nos ayuden y favorezcan el aprendizaje de nuestros estudiantes. A través de una película podemos acercar el mensaje que queremos transmitir de mejor manera que con la simple comunicación verbal o escrita de nuestra lección. Si queremos practicar un juego popular podemos sentirnos y darle más sentido si estamos rememorando un juego tradicional que han realizado nuestros antepasados. La actividad física realizada con el juego tiene además un valor cultural que no señala que este juego fue realizado una cierta época histórica donde se jugaba con una determinada indumentaria y materiales que hoy podemos reproducir, adaptar, adecuar a los tiempos pero que siguen manteniendo los valores del juego en sí, pasados los años: el respecto a las reglas, la capacidad de decisión, la habilidad de realizar, etc. El recurso se puede adaptar con facilidad para tomar sólo aquellas partes más interesantes según el nivel del alumnado, y reducir así también el número de clases necesarias para la actividad.

Estoy convencido que el recurso didáctico del cine puede ayudar a: Motivar al alumnado; fomentar el gusto por el juego; promover actividades interdisciplinares; popularizar el juego que antes realizaban nuestros mayores; comprender mejor la cultura y la sociedad en que se vive. El visionado de una película puede llevar anexo una serie de actividades tanto previas como después de ver la película total o parcial de la misma como puede ser:

Antes del visionado: fijarse en aspectos que nos interese resaltar del juego, cómo se jugaba, qué papel (roles) tienen en el juego, momento y justificación de la aparición del juego, etc. (cada profesor puede centrar los aspectos a analizar si son sólo motrices, culturales, sobre valores educativos o cualquier otra perspectiva.

Después del visionado a los estudiantes se le puede proponer realizar tareas dentro de aula o fuera de la misma como realizar una representación del juego de acuerdo a la época; investigar sobre algún aspecto concreto de interés; organizar un día del juego recreando diferentes juegos que aparecen en determinadas películas previamente seleccionadas por el profesor (como trabajo de grupo).

JULIO ÁNGEL HERRADOR SÁNCHEZ es un reconocido especialista en temas de deporte y cultura, más concretamente de los juegos tradicionales en diversas facetas artísticas como la pintura, la historia, el cancionero, la numismática, la filatelia, las tradiciones sociales, etc. El autor es una persona culta, en el amplio sentido de la palabra, que se cultiva en todas las facetas del arte y lo hace desde una mirada apasionada hacia el juego, el deporte y la educación física.

A LAS PERSONAS QUE LEAN ESTE LIBRO se encuentran con la oportunidad de disfrutar de la lectura de esta obra que trata de dos temas apasionantes: El Cine y el Juego o el Juego y el Cine, ambos utilizados como recursos didácticos, permiten a las personas ser como niños y que vuele nuestra imaginación a otros mundos y nos hagan más felices en una sociedad donde predomina el negocio frente al ocio, donde cada vez queda menos poco espacio para jugar. El trabajo es todo lo que se está obligado a hacer; el juego, es lo que se hace sin estar obligado a ello lo mismo que al cine vamos por propia voluntad.

Podremos conocer con la lectura de este libro nuevas claves para entender la sociedad que los rodea y especialmente a ser humano, como "homo ludens" que aparece en todas las facetas del arte. El análisis fílmico de los juegos populares y tradicionales nos acerca a la verdadera esencia de los pueblos, la tradicional y la sociedad. Nos disponemos a aprender, esa es la mejor actitud ante este libro. Seguro que las personas que lean este prólogo después de leer el libro me darán la razón y si no leen el prólogo (no es necesario) cuando lean el mismo llegarán a la misma conclusión.

Dr Miguel Ángel Delgado Noguera
Profesor de "Enseñanza de la actividad física y del deporte"
"Análisis de la enseñanza de la EF y el Deporte"
Facultad de Ciencias de la Actividad Física y del Deporte
Universidad de Granada

Primera Parte:

Marco Experimental

*Una película de éxito es aquella que
consigue llevar a cabo una idea original.*

Woody Allen

CAPÍTULO 1
INTRODUCCIÓN

El punto de partida de esta investigación, se sustenta en las diferentes aportaciones de distintos autores que han disertado sobre la importancia del cine en la sociedad, y de manera particular, su repercusión en el ámbito educativo y formativo.

"Los medios audiovisuales en general, y el cine en particular, tienen en la sociedad actual un gran poder de comunicación y de influencia que va más allá de lo que podamos imaginar" (Morduchowicz, 2002). En el caso de las películas, Hernández (2000), considera que el cine nos ofrece el mundo real a través de la ficción y nos aporta situaciones perfectamente contextualizadas en ambientes históricos y socioculturales concretos, ya que es un potente transmisor de valores y modelos de todo tipo (vitales, estéticos, lingüísticos, etc.), además, su capacidad de generar procesos de identificación nos hace permeables a su intencionalidad.

De la Torre (1996), sugiere que las películas son como un mosaico de comportamientos humanos, una representación simulada de la realidad social, una exposición de mensajes que cada uno trata de interpretar en función de lo que conoce o quiere encontrar. El cine nos habla de conocimientos y de emociones, de sentimientos y pasiones, de ilusiones y valores; pero sobre todo nos hace recapacitar y sentir, observar e imaginar, compartir y soñar.

En palabras de Collis y Morcillo (2006), el cine forma parte de nuestro itinerario sentimental y de nuestra formación intelectual por su naturaleza artística y su trascendencia socio-cultural, y es sorprendente que aún mantenga su condición de invitado ocasional en el entorno educativo. Estos autores añaden que nuestro alumnado pertenece, más aún que sus docentes, a una cultura audiovisual en la que han crecido y en la que se sienten cómodos, ya que se identifican con esta; No obstante, existe una limitación, que se debe fundamentalmente al desconocimiento del medio, o la ignorancia de su código, por la falta de preparación para analizar críticamente, más allá de la simple recepción pasiva de la imagen, fija o en movimiento.

Chaparro (2011), defiende el carácter formativo del cine, ya que este tipo de propuestas generan un ambiente o entorno de enseñanza y aprendizaje que nace de las metodologías participativas y activas dentro del marco de una trabajo colaborativo con una perspectiva global e interdisciplinar. "El cine conquista la unanimidad del público joven cuando emerge con fuerza desde sus protagonistas y ambientes escénicos despertando las inquietudes de sus espectadores, cuando posee la capacidad de presentarles un mundo irreal como si fuera real. Sólo entonces, puede permitirles identificarse o confrontarse con las acciones del drama filmado. El cine conduce al espectador hacia un camino de reconocimiento o de rechazo, de observación de uno mismo o de idealización" (Almacellas, 2002 y Marín, 2004; Pereira, 2005).

La sociedad recurre al cine como puerta de entrada a las fantasías y a unas situaciones que probablemente nunca se experimenten, pero de las que somos partícipes durante un periodo de tiempo, precisamente hasta el final de la emisión. En el caso de los niños, el final de su mundo imaginario no necesariamente se corresponde con el final del film, ya que a veces llega mucho más allá y dichas fantasías se trasladan a su vida diaria y a su cotidianeidad. Es una ventana a un mundo nuevo que puede servir a padres y educadores para preparar a los niños y a los jóvenes para el mundo en el que han de vivir, de hacer presente en la educación casi todo lo que existe en ese mundo a través de su representación cinematográfica; de servirse del cine para abordar de una forma viva la educación en valores; y, sobre todo, de aprovechar este medio, por su conexión con la emoción, con el sentimiento, con la belleza, con el arte, para no olvidar que la educación ha de ser integral, y que la meta de la educación es la persona total (Pereira, 2005).

"Las posibilidades pedagógicas de esta virtualidad fílmica son muy amplias" (Pereira y Urpí, 2005). "El cine profundiza, plasma o analiza la vida de las personas, sus problemas, sus sentimientos, sus pasiones, y lo hace con tal fuerza que llega al mundo interior del espectador despertando pensamientos, valoraciones y cambios de actitud" (Mitry, 1986; Casanova, 1998; y Moix, 1995). En palabras de Loscertales (2001), el cine tiene un doble valor, por un lado es como un espejo de esa sociedad, reproduciendo los estereotipos, y por otro, como generador de modelos tanto en las claves de valores e ideologías como en las pautas actitudinales (cogniciones, emociones y conductas).

De la Torre (1996), catedrático de Didáctica e Innovación Educativa de la Universitat de Barcelona, considera que el cine formativo es la emisión y recepción intencional de películas portadoras de valores culturales, humanos, técnico-científicos o artísticos, con la finalidad de mejorar el conocimiento, las estrategias o las actitudes y opiniones de los espectadores. El cine puede ser un soporte de una nueva metodología de trabajo con los alumnos y alumnas, menos expositiva y más indagadora, a la vez que este tipo de actividades sirven para cortar el ritmo de la clase y motivar a estos a que realicen actividades que se salgan de la rutina diaria.

En la clasificación empleada en la antigua Grecia sobre las artes existentes, encontramos: la arquitectura, danza, escultura, música, pintura y poesía (literatura). No es hasta el año 1911, cuando Ricciotto Canudo cataloga al cine como el séptimo arte; La octava es la fotografía, aunque se entiende que es una extensión de la pintura y la novena es la historieta, siendo esta un puente entre la pintura y el cine.

Géneros o temáticas de las películas

Atendiendo a diferentes agrupaciones en cuanto al género o temática de las películas, hallamos: Películas de acción; animadas; de aventuras; biográficas; de ciencia ficción; cómicas; dramáticas; eróticas; de espionaje; de guerra; de gángster; de intriga; musicales; policiales; pornográficas; románticas; surrealistas; de suspense; de terror; de **Deporte**; etc.

Cine y Deporte. José Luis Salvador Alonso. Universidad da Coruña

El pionero en lograr implantar en el ámbito cinematográfico el deporte moderno, fue el Charles Chaplin, que con sus excelentes representaciones de boxeo, logra estimular el interés a otros directores, que mediante historias de aventaras, amor, drama aplicaron el deporte al cine. En la actualidad, gracias al auge de la actividad deportiva encontramos un gran número de películas que hacen alusión a dicho de contenido. A modo de ejemplo tenemos: Carros de fuego; Invictus; Evasión o victoria; Karate kid; Rocky; etc. las cuales no siempre han sido utilizadas como un verdadero recurso para el área de EF, -teniendo en cuenta el rigor metodológico serio y coherente con los objetivos planteados que se merece-, sino más bien como un "comodín" o excusa para cubrir un "tiempo" pedagógico.

Películas con contenidos/temática relacionados con el deporte

Lejos de pretender establecer una categoría específica, a la tipificación anteriormente descrita, nosotros añadimos y analizamos una serie de películas donde aparecen reflejadas **escenas relacionadas con actividades lúdicas.**

"La enorme relación entre deporte y comunicación (imagen, fotografía, cine, prensa) es palpable sobre todo desde la llegada de los Juegos Olímpicos modernos en 1894" (Moragas, 2006). En este caso, los medios de comunicación de masas (prensa, radio y televisión), concebidos como elementos de transmisión de la información oral, escrita, digital e icónica, contribuyen o refuerzan las ideologías de diferencias de género, e incluso incentivan y condicionan hacia una mayor afinidad o tendencia hacia un tipo de práctica deportiva.

Algunos autores como De Vroede (1985) y Parlebas (1998), asocian la imagen como una pieza fundamental para el conocimiento de las lúdicas en diversas culturas y sociedades. Por tanto, las fuentes documentales tanto orales como escritas, que nos aproximan al fenómeno lúdico a lo largo de los años, han sido objeto de numerosos estudios. Este tipo de investigaciones se han visto reforzadas gracias al análisis exhaustivo de otros soportes como la fotografía, pintura, cine, cómics, literatura, entre otros. (Plath, 1998; Irureta y Aquesolo, 1995; Renson, 1995; Mestre, 1973; Herrador, 2003; Zagalaz, 2007). Recientemente se están analizando otros formatos como son la publicidad (Coca y Herrador, 2011), así como la filatelia (Herrador, 2010) y la escultura (Herrador, 2011).

CAPÍTULO 2
JUSTIFICACIÓN

Hemos considerado prioritario una investigación basada en una experiencia innovadora y novedosa, incidiendo en la importancia de las nuevas tecnologías de la información y de la comunicación, así como la educación intercultural y en valores.

Bajo este denominador común, es conveniente resaltar que el cine, como apunta Torre (1998), está convirtiéndose en una estrategia *innovadora en la enseñanza* de áreas curriculares como la historia; la literatura; la pedagogía y la psicología. Según este autor, el uso de las películas en el aula, puede contribuir al alumnado a una mayor facilidad en la adquisición de sus conocimientos. En este sentido, nos parecía interesante considerar estas bondades pedagógicas aplicándolas al área de la Educación Física y más concretamente al juego popular.

En la actualidad, es necesario educar al colectivo docente en los medios de comunicación, ya que según Gómez (2000), dicho colectivo son los protagonistas absolutos de la sociedad actual puesto que supone uno de los pilares esenciales de todo sistema educativo. Sin embargo, como determina este autor, esto es por completo imposible si el profesorado, no está preparado convenientemente para esta labor. "Los futuros docentes deberán ser conscientes de la importancia que tiene la imagen en movimiento como medio didáctico y como lenguaje específico eficaz para el proceso enseñanza-aprendizaje. Urge la necesidad de *alfabetizar* en el ámbito audiovisual. El lenguaje icónico debería ser enseñado en los centros donde se forman a los futuros profesores. Desde el conocimiento de este lenguaje y el desarrollo de estrategias de intervención o destrezas de aplicación práctica, los futuros educadores deberían estar capacitados para educar y preparar a sus alumnos en una sociedad tecnológica".

Como designa Feria (1994), una formación adecuada inicial seguida de una actuación permanente, "es la pieza clave para adherirse al mundo de la comunicación en el ámbito educativo. Para que el profesorado pueda formar a las nuevas generaciones en la utilización crítica, creativa, investigadora y lúdica de los medios de comunicación, es preciso que los propios docentes se formen previamente en ello". Parafraseando a Pró (2003), el profesorado que consiga una verdadera competencia comunicativa en el campo del medio cinematográfico encontrará más facilidades para sintonizar con la sensibilidad de sus alumnos y alumnas y también tendrá más puntos de credibilidad y acercamiento hacia estos.

No cabe duda, que estamos inmersos en una sociedad cada vez más mediatizada e influida por los mass media. El alumnado vive rodeado y envuelto en las nuevas tecnologías, las cuáles tienen un gran potencial creativo, y la presencia de de dichos medios es constante. Por ello, es importante preparar a dicho colectivo a la denominada «sociedad de la información» y en esta tarea, las instituciones educativas se convierten en un importante mecanismo que no podrá quedar ajeno. Así, Aguaded (1995), dice que "el sistema escolar no puede permanecer al margen de estos transcendentales cambios en el ámbito de la vida diaria y tiene necesidad, y obligatoriedad, de responder a estas nuevas y acuciantes demandas sociales".

La educación audiovisual permitirá un consumo y uso inteligente a través de la cuál los discentes podrán racionalizar su consumo, siendo conscientes de los mensajes recibidos y de sus aportaciones sociales. Como señala Aparici (2004), "ya no es suficiente saber leer y escribir códigos lingüísticos para comprender la realidad. Aquel individuo que no tenga los instrumentos para decodificar los mensajes de los medios puede llegar a ser identificado como un nuevo tipo de analfabeto".

Cada día son más los profesionales que plantean la necesidad de *alfabetizar* a los estudiantes en el código de la imagen, aun entendiendo que existe un desconocimiento de dicho código, lo cual no impide una primera lectura del mensaje y su uso o disfrute. Al igual que podemos deleitarnos con la lectura de una novela desde el desconocimiento de las técnicas narrativas empleadas o la construcción literaria de su lenguaje, también hemos tenido la experiencia de embelesarnos con una excelente película sin necesidad de conocer las entrañas icónicas sobre las que se sustenta la historia que nos describen (Collis y Morcillo, 2006).

La integración del cine en el aula, desde el enfoque educativo y formativo es de gran utilidad en el proceso de enseñanza y aprendizaje, puesto que, como indica Romea (2005), "aporta contenidos (historia, cultura, ciencia, tecnología, política, etc.), expresa ideas, sentimientos, muestra formas, actitudes, hábitos, y es transversal e interdisciplinar por naturaleza, lo que lo faculta para ser una fuente de un conocimiento que generalmente se presenta de forma sensible, fácilmente comprensible y compartido socialmente".

Como revelan Lavega y cols (2006), en el ámbito científico, a pesar de haberse reconocido la presencia universal del juego, este ha permanecido escondido, ignorado o poco reconocido. Quizás, la dimensión motriz de estas manifestaciones, en una sociedad que académicamente ha exaltado la mente y ha desprestigiado el cuerpo, justifican este descuido. En este sentido, coincidimos con los autores, y por este motivo, presentamos esta propuesta, con el fin de estimular e impulsar estudios sobre los comportamientos lúdicos y prácticas jugadas, a través del cine y que junto a los soportes anteriormente mencionados puedan contribuir a profundizar sobre el conocimiento de esta apasionante práctica universal.

En este caso, "Las películas ponen en juego un sistema de expresión que se dirige íntegramente a nuestra estructura sentimental y que aleja, por este motivo, el trabajo interpretativo de un cientifismo ligado únicamente a la razón y a la lógica. Ello no implica, en modo alguno, que deba rechazarse todo esfuerzo intelectual o reflexivo, sino que es imprescindible combinar ambos procesos" (Coll y *et al.*, 1995).

Gracias a algunas escenas cinematográficas, podemos encontrar una gran variedad de juegos que actualmente pueden presenciarse en algunos pueblos y ciudades como forma de diversión, entretenimiento y ocio. También pueden ser observados en las sesiones de Educación Física tanto de un Colegio o Instituto o en asignaturas del currículo de Maestro de Educación Física o Licenciados del Deporte, entre otros.

Hernández y cols (1991), subrayan que las investigaciones se originan en las ideas y estas constituyen el primer acercamiento a la realidad que habrá de investigarse. Los autores amplían este aporte indicando que existe una gran variedad de fuentes que pueden generar ideas de investigación, entre las cuales podemos registrar las experiencias individuales, documentos escritos (libros, revistas, periódicos y tesis), conversaciones personales, observaciones de hechos, creencias etc. Sin embargo, las fuentes que suscitan las ideas no se corresponden con la calidad de éstas. *El hecho de que un estudiante lea un artículo científico y extraiga de él una idea de investigación no implica que ésta sea mejor que la de otro estudiante que la obtuvo mientras veía una **película** o un juego de béisbol en la televisión.*

La investigación que presentamos, la venimos desarrollando desde el año 2009 dentro del programa de la asignatura de Juegos Motores en el bloque temático *"Juegos populares en el cine como recurso didáctico"*. Dicho proyecto está enmarcado dentro de las actividades de sensibilización y concienciación del fomento de la actividad física mediante soportes y formatos no habituales como son los iconográficos. La idea principal de esta monografía se asienta en las características socio-culturales de la actividad lúdica y su relación con otros ámbitos de la ciencia y áreas curriculares, como son la Lengua y Literatura, Lenguas extranjeras, las nuevas tecnologías de la información y de la comunicación, entre otras.

Dicho propósito, ha sido aplicado y llevado a cabo con el alumnado de la Facultad de Ciencias del Deporte de la Universidad Pablo Olavide de Sevilla, durante años académicos 2009-10 y 2010-11, certificando con los resultados alcanzados, sus posibilidades de aplicación a diferentes ámbitos de la enseñanza, especialmente a la Educación Secundaria, Bachillerato, Ciencias de la Educación y Facultades del Deporte. Es más, gracias a este planteamiento ha germinado en una nueva asignatura de Libre Configuración para el curso 2011-2012-aprobada por el Consejo de Departamento- que lleva por nombre: *"Juegos populares y cine"*.

Su relevancia y utilidad en el campo del fomento y sensibilización hacia la práctica y conocimiento de juegos populares, se encuentra en los puntos que se enumeran a continuación:

1º.- En que los futuros Licenciados y Licenciadas en EF serán transmisores de los aprendizajes adquiridos durante su etapa universitaria.

2º.- En la innovación que supone un trabajo que parte de la EF en la búsqueda de información fílmica y la visualización detallada para conseguir la motivación y el disfrute de observar y analizar escenas cinematográficas relacionadas con la actividad lúdica.

3º.- En la intervención interdisciplinar en la enseñanza universitaria, susceptible de extenderse posteriormente a otros ámbitos de la educación.

En consonancia con Vázquez Gómez (1994); Platas (1994); Dios (2001), apostamos por la idea de concebir el cine no sólo como un medio de comunicación sin más, sino como una herramienta pedagógica permanente en los procesos de aprendizaje del alumnado que promueva el desarrollo de habilidades sociales, además de predisponer a la reflexión, al análisis y al juicio crítico, así como también a crear y a transmitir actitudes y valores sociales y culturales. Por tanto es conveniente diseñar planteamientos interdisciplinares enfocados hacia características humanísticas en el ámbito de la actividad física y profundizar en la importancia del fomento del cine bajo una visión reflexiva y crítica, especialmente entre los futuros profesionales que en definitiva serán los verdaderos transmisores de las experiencias que hayan adquirido durante su formación.

Insistimos, que se trata de una gran oportunidad para introducir este recurso en las aulas, incorporándolo a la formación académica de nuestro alumnado, lo que nos conduce a la concepción del cine como un instrumento pedagógico de primera categoría para lograr objetivos y abordar contenidos presentes en cualquier asignatura del currículo de los estudiantes: Música, Literatura, Historia, Filosofía, Ciencias de la Naturaleza. Nos permite igualmente trabajar tanto desde la interdisciplinariedad como la transversalidad: educación para la salud, interculturalidad, valores cívicos...

"El cine como estrategia didáctica es un conjunto de actividades organizadas, planeadas, aplicadas y evaluadas en el aula de clase con el apoyo de un medio audiovisual, una película o documental en formato digital (VHS, DVD, VCD, Internet) y unas actividades previas y posteriores a la observación de la película (por ejemplo: el cine-foro) las cuales permiten la aprehensión de conocimientos por parte de quienes se forman" (Burgos, 2008).

"Cualquier docente con cierto grado de interés por enseñar, desearía ostentar la mejor técnica para estimular un aprendizaje, anhelaría captar la atención de todo su alumnado, y que éstos realmente lograsen un cambio significativo en sus vidas personales. De ahí que, una de las premisas en la utilización del cine como estrategia didáctica, es que puede servir de puente entre los contenidos que se están intentando discutir, y cómo se viven en la realidad" (Campo-Redondo, 2006).

La afición por visualizar, estudiar y profundizar en el maravilloso mundo de películas, lleva implícito ciertas similitudes y rasgos comunes con las definiciones de juego y que a continuación presentamos:

"El juego es el mejor medio de comunicación entre especies diferentes, como también es el mejor medio de comunicación entre personas de generaciones, clases sociales o culturas diferentes" (Batenson, 1984 en Bantulá y Mora, 2002).

"...el juego se muestra como una herramienta extraordinaria para facilitar las relaciones y el encuentro entre diferentes culturas...a través de él se puede ayudar a los niños a que comprendan y respeten las diferentes culturas y formas de vida de los niños y niñas que han venido de otras naciones y que ahora conviven con nosotros" (Lleixá, 2002).

"El juego es un vehículo de entendimiento entre las comunidades del mundo, que sabe guiarnos con paso firme y seguro por el camino de las relaciones humanas..." (García y Martínez, 2004).

Como expone Heinemann (2002), la Educación Física puede convertirse en el primer paso para la integración y la inclusión social por su lenguaje corporal universal. En este caso, el juego como parte integrante de dicha disciplina habla todas las lenguas, y es un fenómeno global y supranatural. Por tanto es un punto de encuentro que no entiende de diferencias de origen o condición y un instrumento de integración perfecto para los recién llegados, ya que en la pista de juego todos son iguales.

CAPÍTULO 3
ANTECEDENTES Y OBJETIVOS

"El cine es una de las recreaciones humanas más extraordinarias que se conoce desde la perspectiva de la comunicación. La información que codificamos gracias a las películas permite describir situaciones y generar emociones que, al ser analizadas, pueden provocar actitudes y conductas diferentes a las habituales. La utilización del cine con propósito formativo cuenta con numerosas experiencias en los diferentes niveles educativos, que van desde la enseñanza primaria y secundaria" (Amar, 2003).

Destaca la educación en valores en etapas educativas iniciales (Pereira, 2003; Pereira y Urpí, 2004; Martínez-Salanova, 2006), hasta la universitaria con aplicaciones más específicas, según el cuerpo de conocimiento de cada carrera. En efecto, la utilización del cine comercial en la enseñanza universitaria cuenta con experiencias vinculadas a la docencia en ciencias de la salud, como enfermería (Siles, 2007; Muñoz *et al.*, 2006), farmacia (Bosch y Baños 1999), medicina (García-Sánchez *et al.*, 2002; Menéndez y Medina, 2003),psicología (Alexander y *et al.*, 1994), etc.; a las ciencias experimentales, como matemáticas (Población, 2004), física (Palacios, 2007), biología (Baños *et al.*, 2005),etc.; a las ciencias sociales, como historia (Caparrós, 2004), antropología (Tomas,2006), filosofía (Falzon, 2004), etc.; a las ciencias jurídicas como derecho (García y Ruiz, 2009; Pérez, 2009); a las artes (De Pablos, 2006) y que han sido objeto de una amplia bibliografía.

El trabajo de investigación, se basa en la aplicación de una propuesta metodológica o programa didáctico, y trata de llevar a la práctica el cine, bien como materia de estudio, bien como recurso para los aprendizajes.

El **objetivo** o ***meta principal*** que este proyecto, es servir de herramienta para los futuros docentes y profesionales de la educación, ofreciendo unas pautas adecuadas para utilizar el cine desde el punto de vista didáctico, y que se pueda convertir en un agente formativo. Así, al espectador (alumnado) se le capacita para el análisis y la crítica de aquellas situaciones lúdicas, y el afianzamiento de valores y actitudes relacionadas con el juego sociomotriz. Conviene recordar que el hecho de trabajar con imágenes facilita los procesos de construcción socio-cognitiva de los aprendizajes y hace que éstos sean mucho más enriquecedores.

Los **objetivos *secundarios*** que perseguimos en este estudio son los siguientes:

• Enseñar a ver las películas como algo más que un mero producto de ocio y consumo, generando hábitos de observación, reflexión, análisis, comprensión y síntesis.

• Incitar a adquisición de la afición al cine (cinefilia) en particular y al conocimiento de la cultura popular y de masas en general.

• Capacitar al alumnado para que alcance las destrezas necesarias relacionadas con el tratamiento de la información adoptando una actitud abierta y equilibrada hacia el uso de las nuevas técnicas audiovisuales.

• Introducir las nuevas tecnologías audiovisuales en los procesos educativos de una manera pluridimensional y multidisciplinar (implicación de diferentes sectores como: asociación de Padres y Madres, equipo educativo, psicopedagogos, tutores, etc.)

• Fomentar el gusto por el cine entre el público más joven y desarrollar actividades creativas a partir de él.

• Impulsar la cultura comunicativa en el aula, convirtiéndolo en un lugar de encuentro y en un espacio de comunicación e intercambio de ideas, favoreciendo el intercambio multicultural a través del contacto con la diversidad de culturas, de expresiones y de modos de vida y descubrir la riqueza de los conocimientos diferentes a los propios, soslayando así el etnocentrismo.

Objetivos *complementarios* relacionados directamente con el ámbito lúdico:

• Provocar la visualización crítica y selectiva de películas donde aparezcan escenas relacionadas con los juegos populares.

• Utilizar el cine para hacer de los discentes emisores y receptores críticos con capacidad para reflexionar y opinar.

• Comprobar que existen algunas películas (escenas) que hacen referencia a los juegos tradicionales.

• Demostrar que los juegos forman parte de la cultura y sociedades a lo largo de la historia.

• Motivar al profesorado en formación inicial a la localización de escenas que hagan referencia a los juegos populares.

- Demostrar el interés interdisciplinar del trabajo de colaboración entre diferentes áreas que integran el currículum universitario, susceptible de ser ampliado posteriormente a otros ámbitos de la enseñanza.

- Desarrollar la expresión oral y corporal con narraciones en las clases de lengua y literatura y durante las clases teóricas y prácticas de EF, mediante escenificaciones.

- Justificar la necesidad de educar en valores a través del cine y su potencial para transmitir mensajes positivos que hagan cambiar determinadas conductas en el receptor estableciendo un marco teórico sólido y perdurable sobre la actividad lúdica través del cine.

CAPÍTULO 4
METODOLOGÍA

El diseño de la investigación empleado para este estudio se ha basado en la observación de escenas de películas donde apareciesen juegos populares, con el objeto de examinar el comportamiento lúdico que se transmite a través de ellas mediante el mensaje visual. La investigación es de tipo descriptivo, y se fundamenta en el análisis de contenido visual y lingüístico/expresiones como procedimiento de trabajo que posibilita la búsqueda de información textual y gráfica. El estudio *descriptivo* es un instrumento que se utiliza para colaborar con el recuerdo de determinados asuntos del film, como por ejemplo, algunas características de las imágenes, sonidos, narraciones y puestas en escena que en él aparecen.

Es una técnica muy utilizada para recolectar datos concretos mediante registros que contribuyan a organizar un contexto determinado, en el que luego se definirá el eje temático. Desde una perspectiva técnico-instrumental, en esta investigación predominan además técnicas propias del diseño cualitativo (Entrevistas, Observación Participante e Investigación-Acción) que permiten de manera ágil y operativa obtener la información. Aún así, hemos utilizado el Cuestionario, como técnica propia del diseño cuantitativo, para abarcar un universo más amplio. En definitiva, se trata de llegar a conocer las situaciones, costumbres y actitudes predominantes a través de la descripción exacta de las actividades, objetos, procesos y personas.

La información que se puede extraer de cada uno los juegos supone un aporte muy interesante, pero a veces quedan fuera del campo de la acción motriz y de la praxiología motriz, por ello debemos recurrir al legado de la antropología, de la sociología o de la historia, entre otras disciplinas. El estudio que presentamos, se enmarca entre los principales submétodos de la investigación histórica, es decir la Cronología, la Geografía y la Etnología. Además existen unas ciencias auxiliares y fuentes de las que se nutre la Historia, como son: la Arqueología, la Heráldica, la Paleografía, la Epistemología, la Numismática, la Diplomática, la Sigilografía, la Filatelia, y la Iconografía (fotografías). La fotografía (en este caso el fotograma): "constituye un vehículo idóneo para ayudar a mostrar con lógica y rigor la historia narrada, puesto que permite comprobar sorprendentes elementos de cambios como por ejemplo la fisonomía urbana, forma de vestir, el tipo de fiestas, los objetos que rodeaban a nuestros antepasados, los niveles sociales, etc" (Maceiras, 1996).

El análisis de escenas cinematográficas relacionadas con el ámbito lúdico, implica un estudio minucioso por lo que hemos utilizado un diseño de estudio no experimental descriptivo que nos permitiera obtener el mayor número de datos para su posterior análisis de manera cualitativa, con lo que los resultados obtenidos han sido de una mayor riqueza a pesar de su subjetividad. De todos modos, somos conscientes de la imposibilidad de localizar y analizar todos los juegos que aparecen en las películas y recogerlos en un solo trabajo.

El método que hemos utilizado se basa o está tomado del "Método de Lectura Cinematográfica", que se encuentra en el libro "Cómo se comenta un texto literario", de Emilio Correa y Fernando Lázaro Carreter.

El método cuenta con seis fases:

1.- Lectura atenta de la obra o conocimiento preciso de la misma: *corresponde a la descripción del argumento, como forma de conocer la obra.*

2.- Localización de la obra cinematográfica: *Autor, fecha de realización, la etapa de creación (cubismo, expresionismo, etc.), género cinematográfico y literario.*

3.- Determinación del tema o temas de la película: *Es la trama de acontecimientos, una breve narración de la obra,* conservando los detalles más importantes de la película.

4.- Determinación de la estructura: *Distribución de las partes de la película.*

5.- Análisis de la forma: *Realizar* el análisis de la forma partiendo del tema central, o sea, justificar cada rasgo que aparece en la obra, *en relación al tema central.*

6.- Conclusión: *Extraer los aspectos principales de la película, aportando un análisis personal, para enriquecerla.*

Además hemos adaptado la propuesta de Sánchez (2002), respecto al análisis cinematográfico donde plantea tres fases:

a) **Lectura concreta**. Supone una lectura narrativa (argumento, historia, estructura, personajes, relato), una lectura artística (elementos lingüísticos) y una lectura temática, que llevará a la idea central desde los núcleos narrativos.

b) **Lectura situacional**. Contextualizando el filme dentro de la filmografía del autor, de la historia del cine, de la industria y del ámbito sociocultural en que se inscribe.

c) **Lectura valorativa**. Supone un juicio global sobre la película en cuanto es recibida.

Desde el momento que una persona decide disociar ciertos elementos de la película para interesarse especialmente en aquel momento determinado, en esa imagen o parte de la imagen", está ocurriendo una mirada desde el punto de vista analítico. Por ello hay una especial atención a los pormenores y a ciertos detalles, que es propio de la actitud de un crítico, de un cineasta y del espectador más consciente. En este sentido surge la necesidad de clarificar los principios de la actividad crítica, antes del desarrollo del concepto de análisis de películas, la cuál es distinta en relación a la anterior (Aumont y Marie, 2002).

Estos autores apuntan que la intención del análisis fílmico es que sintamos un mayor placer ante las obras a través de una mejor comprensión de las mismas.

Es significativo, que la primera toma de contacto con el mundo del cine sea precedida por medio de sesiones enfocadas a la detección de las ideas previas del alumnado, en consonancia con los objetivos y contenidos elegidos.

Puede utilizarse como punto de partida el visionado de una secuencia de corta duración de una película seleccionada para tal fin, en la que sean visibles aspectos relevantes de montaje, distintos códigos narrativos y sonoros así como diferentes planos, movimientos de cámara y tipos de óptica, y pedir al alumnado que se limiten a describir lo que ven en pantalla a través de comentarios. La posterior aplicación al alumnado de un cuestionario será un recurso excelente que concede al docente tener una idea sobre el nivel madurativo de estos, respecto a su capacidad de observación crítica. Este tipo de actividades permite que se desarrolle un contexto adecuado para que el alumnado y el profesorado se inicien en esta tarea de análisis y reflexión sobre el mundo del séptimo arte (Ruiz, 1998).

CAPÍTULO 5
INSTRUMENTOS DE MEDIDA Y RESULTADOS

El material utilizado ha sido: la Ficha para la recogida de datos, películas en formato digital (VHS, DVD, VCD, Internet) elegidos libremente por el alumnado y el catálogo Movie Catalog 351(Base de datos) (Gráfico 1) además del material fungible necesario en la aplicación informática (disquetes, CDs, ordenador portátil, folios, tinta para impresora...). Se han analizado tanto las fuentes primarias (libros, revistas especializadas, monografías, tesis, publicaciones periódicas y actas de Congresos,) como las fuentes secundarias (enciclopedias y diccionarios). Además se ha manejado la fuente documental de la filmoteca mediante el instrumento de recolección de datos a través de la ficha videográfica.

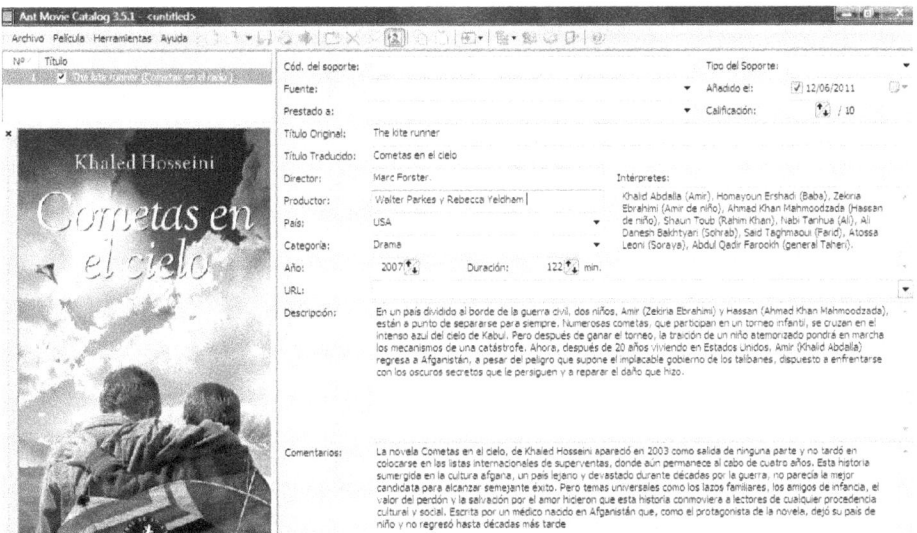

Gráfico 1. Movie Catalog 351 (Base de datos)

El trabajo, por parte del alumnado de la Facultad del Deporte de la Universidad Pablo de Olavide, matriculado en la asignatura de Juegos Motores ha consistido en la búsqueda y localización de escenas cinematográficas alusivas a actividades físicas donde apareciesen de manera explícita, o en ocasiones implícita, juegos populares y juguetes tradicionales.

Para la obtención de los datos se les entregó una hoja informativa y una ficha para ser cumplimentada donde debían seguir los siguientes pasos (tabla 1):

- Completar los datos de la película (ficha técnica).

- Buscar y aportar una breve biografía del director de la película.

- Hacer un breve resumen de la película.

- Instrucciones para capturar pantalla en el ordenador o en formato DVD y tratamiento de la imagen.

Una vez visionada la película y cumplimentada la ficha, el alumnado expuso en clase de teoría las características de la película, un breve resumen y biografía del director, incidiendo y analizando la escena lúdica en cuestión y atendiendo a los siguientes parámetros:

- Estructura del juego (número de participantes, espacio o zona utilizada, distribución/organización de los participantes, material empleado).

- Tipo de juego (sociomotriz-colectivo o psicomotriz-individual).

- Si la actividad lúdica incluye retahílas o canciones mientras se practica.

- Si existen elementos discriminativos o estereotipos sexistas, analizando los aspectos coeducativos más significativos.

- Nombre del juego según su lugar de origen anotando diferencias y similitudes en cuanto a la reglamentación o normas.

- Lectura de la fragmento del libro (en el caso de estar publicado) donde se detalle la escena lúdica en formato de texto.

TÍTULO de la Película	
Director y año	
Género	

Estructura del juego	
Tipo de juego	
Retahílas o canciones	
Reglamentación o normas	
Fragmento del libro	
Elementos discriminativos o estereotipos sexistas	
Duración de la escena lúdica	

Tabla 1. Datos más significativos de la película (Ficha técnica)

A continuación, mostramos de forma detallada los juegos tradicionales y material empleado en cada uno de ellos, teniendo en cuenta el número de apariciones o veces que queda reflejada la actividad lúdica en las escenas fílmicas: Trompo (6); Escondite (6); Comba (10); Columpio (3); Canicas (8); Aro (2); Pilla-pilla (1); Cometas (1); Rayuela (3); Juegos de imitación (3); juegos de corro (3); Pídola (1); Gallina ciega (2); Pollito Inglés (2); Juegos de azar (2); otros (6) (Gráfico 2).

Para un estudio riguroso sobre la cultura lúdica infantil plasmada en el cine, es preciso que nos basemos en el paradigma sistémico estructural, es decir en la praxis lúdica donde intervienen varios elementos y que se modulan entre sí. En este caso, existe una interrelación con sus protagonistas o jugadores, y estos con el espacio, el tiempo, y la utilización de materiales (Parlebás, 2001).

"Mientras la lógica interna enfoca la atención al estudio de las propiedades internas que asientan las reglas de un juego, la lógica externa afecta a aquellas condiciones, valores y significados que le dan sus protagonistas. Por tanto, resulta de gran interés complementar la visión interna del juego observando en la lógica externa relaciones socioculturales tales como: características de los protagonistas (por edad, género, condición social...), zonas donde se celebra la práctica (emplazamientos: calle, plaza, instalación específica...), materiales (proceso de construcción y personalización de los objetos) y la localización temporal (momento de práctica): festividad, época del año, momento del día...). Se trata por tanto, de considerar relaciones de otra naturaleza a la práxica, constituyendo todas ellas un sistema sociocultural (Lavega, 2000).

Para hacer más operativa la investigación, analizamos cada una de las variables, considerando la lógica interna y externa del juego en las 45 escenas donde aparecen los juegos y que a continuación mostramos.

Jugadores

Destacamos cierto desequilibrio, relativo al género en cuanto al número de chicos y chicas que participan en los juegos, y llama la atención la concesión de roles o estereotipos según la actividad practicada dependiendo del sexo. Así, la práctica lúdica relacionada con las habilidades motrices menos exigentes, de mínimo esfuerzo físico, o tradicionalmente catalogadas y asignadas exclusivamente al sexo débil, relativas tanto a la coordinación y equilibrio entre otras, se le atribuyen directamente al sexo femenino (rayuela, salto de comba, corro, palmadas y columpio). Sin embargo, aquellas que requieren de cierta condición física o implican alguna destreza y exigencia, incluso que entrañan riesgos se asocian al sexo masculino (canicas, trompo, rescatar una botella en la vía del tren...).

De todos modos, localizamos algunos juegos con carácter mixto, aunque la mayor o menor presencia de chicos o chicas está condicionada por el tipo de juego practicado, haciendo referencia a lo anteriormente comentado; sirva como ejemplo, la escena ***"The Fat Albert"*** 2004 mientras saltan la comba chicos y chicas indistintamente. En la interrelación que se establece entre los protagonistas durante el juego, localizamos juegos psicomotores; juegos sociomotores individuales; juegos sociomotores colectivos y juegos sociomotores de colaboración-oposición. Resaltamos que prevalecen los juegos donde se opta por jugar de manera individual o en solitario frente los que se realizan de forma colectiva o grupal.

Espacio

Dejando a un lado la incertidumbre espacial en cuanto a la codificación o descodificación del juego en sí, preferimos centrarnos en que la mayoría de los juegos que se practican en un entorno natural o hábitat rural, es decir en el campo, bosque o prado. Aunque también hallamos algunos juegos que se realizan en el hábitat urbano o calle.

Material

En este apartado encontramos varias categorías o indicadores: uso individual (cometa); uso colectivo o mixto (comba) y material propiamente dicho (canicas). Llama la atención que siete escenas presentan únicamente los materiales, sin la presencia explícita de jugadores. Si nos centramos en su procedencia, estableceremos la siguiente clasificación: Los extraídos del medio natural, donde destacan las piedras (Rayuela); aquellos que han sido autoconstruidos o son de elaboración artesanal como son las botellas de plástico y el columpio (neumático) y por último los de fabricación industrial (aros, cometas, juegos de mesa, cartas, canicas y el trompo).

En cuatro escenas, los materiales son exhibidos sin la presencia de jugadores. Observamos en doce instantáneas que los jugadores juegan en solitario con un único material, y por último el número de escenas donde se requiere la participación de varios jugadores y un empleo de material específico es de catorce; Nos referimos a los juegos sociomotrices cooperativos y los de colaboración-oposición. Finalmente, por un lado, observamos que hay dos películas donde aparecen simultáneamente dos o más actividades lúdicas, y por otro, tres imágenes que incluyen varios materiales en la misma secuencia.

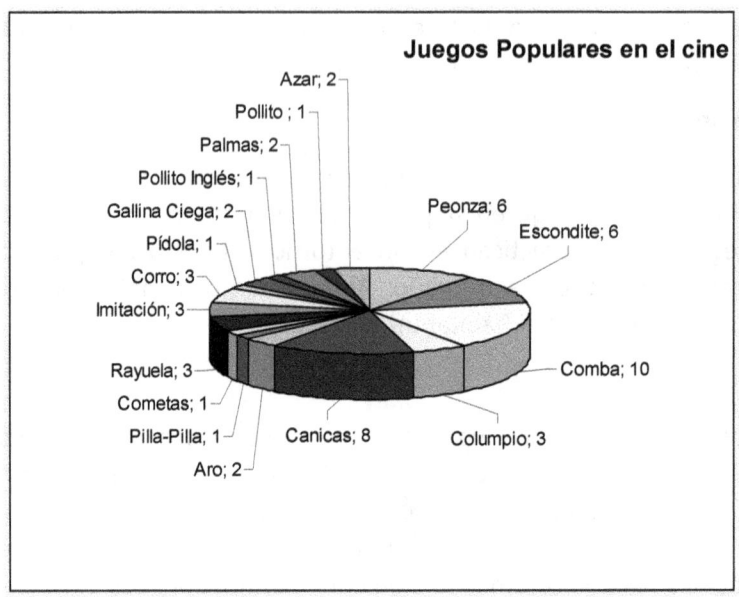

Gráfico 2. Juegos populares en el cine

CAPÍTULO 6
DISCUSIÓN Y TEMPORALIZACIÓN

Una vez examinados los resultados para las diferentes variables que conforman la estructura lúdica, reflejada en cada una de las películas analizadas, exponemos a modo de discusión una serie de reflexiones y que a continuación presentamos:

a) Algunas escenas presentan el juego o material lúdico mediante dibujos infantiles. Este detalle nos parece un elemento positivo, ya que entendemos que se hace más cercana la esencia lúdica mediante el formato dibujo. (Planet 51).

b) Localizamos un número reducido de juegos que se llevan a cabo normalmente en lugares cerrados, como son los juegos de mesa (cartas, dominó, damas) que por sus características, tienen un marcado carácter sedentario. Por el contrario, la mayoría de los juegos se practican en el entorno natural y en la calle, siendo el movimiento el principal protagonista.

c) La mayoría de las escenas presentan el material lúdico, con la presencia de jugadores en grupo. Esta puntualización, nos indica que el juego social predomina con respecto al individual.

d) Existe un cierto declive de materiales obtenidos del medio natural, de fabricación artesanal o autofabricado. Los únicos que localizamos, son la botella y las piedras. Esto supone un auge de la industria lúdica o material comercializado, lo que denota cierta falta de creatividad en detrimento de la imaginación, y como consecuencia, la tendencia hacia posibles instintos consumistas. Recordemos que muchos de los materiales o juguetes que en sus comienzos fueron totalmente artesanales y naturales (peonzas, yo-yo, tabas, aros, etc), en la actualidad son fabricados en plástico (PVC).

e) Encontramos escenas donde la práctica lúdica vinculada con las habilidades motrices menos exigentes, o de mínimo esfuerzo físico, y que en definitiva han sido tradicionalmente atribuidas al sexo débil o a las chicas. Sin embargo, observamos imágenes donde aparece el chico realizando juegos que requieren una mayor condición física o implican cierta destreza y exigencia. Al respecto, Malo y López (2008), apuntan que en nuestra cultura, el morfotipo masculino se ha identificado siempre con la fuerza, potencia, resistencia, velocidad, etc., y el morfotipo femenino con la flexibilidad, lo frágil, pequeño, coordinado, rítmico, etc. Como consecuencia, uno y otro sexo se han visto con dificultades para desarrollar cualidades del sexo contrario.

g) Sólo en cuatro escenas se aprecian adultos practicando juegos, en cambio, la presencia de la figura infantil la encontramos en veinticuatro de ellos, esto supone un gran protagonismo del niño, donde se percibe y se asocia de manera inherente lo lúdico con la niñez.

h) La mayoría de las escenas que reproducen retahílas y canciones, se asocian a las películas de terror (Orfanato).

- Una clase de introducción al tema. (Objetivos que pretendemos y contenido del curso).

- Una clase de trabajo con los materiales (detección de conocimientos previos).

- Dos clases para ver dos películas o fragmentos a modo de ejemplo.

- Una clase para recapitular lo percibido y orientar líneas de comentario.

- Una clase de trabajo con las actividades y materiales preparados para después de la proyección.

- Debate o puesta en común (en su caso entrega de los trabajos).

- Dos clases para el análisis de los resultados y discusión.

- Una clase para conclusiones y prospectiva de futuro o posibles líneas de trabajo.

CRONOGRAMA DE LA INVESTIGACIÓN

Todos los pasos descritos se han realizado en varias fases:

1º: 2009-10 (Primer Semestre):

Propuesta del estudio

Consulta a expertos

Discusiones en grupo

Revisión bibliográfica de fuentes primarias y secundarias

Planteamiento del objeto de estudio

Establecimiento de objetivos

2º: 2009-10 (Segundo Semestre):

Elaboración del cuestionario previo

Aplicación preliminar. (Visionado de películas)

Familiarización con las técnicas de captura de pantalla y tratamiento de datos

Comprobación de la validez, fiabilidad y objetividad del instrumento de medida

Establecimiento de la muestra

3º: 2010-11 (Segundo Semestre):

Recogida de datos.

Análisis e interpretación de los datos

Discusión

Conclusiones

Prospectiva de futuro y nuevas líneas y temáticas de investigación.

Redacción definitiva del estudio y presentación del informe o memoria final

Segunda Parte:

Fundamentación Teórica

El cine se alimenta de ficciones, la ciencia de realidades, Sin embargo, el cine también se nutre de la realidad y la ciencia necesita la imaginación para avanzar. No se trata, pues, de mundos incompatibles

Martinet, 1994

CAPÍTULO 7
JUEGOS TRADICIONALES EN EL CINE

EL TROMPO O PEONZA

En la película **Titanic** (1997), conocida universalmente por el trasatlántico que se hundió en 1912, Leonardo Di Caprio (protagonista del film) sube a la cubierta de primera clase para buscar a Rousen; ese momento coincide con un niño que junto con su abuelo y su padre están jugando al trompo.

Fotografía que inspiró la escena de la película

En la película *"Inception" (Origen)* estrenada en España en 2010, el protagonista usa una pequeña peonza en determinadas ocasiones para saber si se encuentra inmerso en un sueño o no.

La peonza como juego y la peonza como recuerdo, esa es la simbología de **Estación Central de Brasil.** 1998. Se trata de una película brasileña en la que la peonza de Josué es el recuerdo y símbolo de su infancia y un elemento significativo relacionado con la muerte accidental de su madre.

 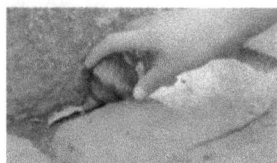

Juana la Loca. (2001). Se trata de una de las grandes películas españolas en la cual la simbología de la peonza es importante. Mostramos la imagen de la película en las que la protagonista sostiene su peonza.

Sucede en las Mejores Familias. *"It Runs in the Family"* (1994). También es conocida como ***My Summer Store.*** Escena donde aparecen unos niños jugando al trompo.

Laulico (1979). Perú. Niños jugando con el zumbayllo (Es un vocablo quechua que significa trompo bailador, roncador, bailarín).

EL ESCONDITE

Las crónicas de Narnia (2005). Los protagonistas al principio del largometraje se ponen a jugar al escondite. El director y productor de la película Andrew Adamson, utiliza el juego como medio para que la niña protagonista encuentre el armario que la llevará a un nuevo mundo lleno de fantasía.

Vicky El Vikingo (2009). Escena en la que el niño se esconde en un barco

La vida es bella *(La vita é bella)* es una película italiana de 1997 en la que se narra cómo un italiano judío, Guido Orefice (interpretado por Roberto Benigni) cada día inventa nuevos juegos en los cuales dice ganar puntos para conseguir el premio final "un tanque". En una escena, casi al final de la película el niño se esconde, con la ayuda de su padre.

 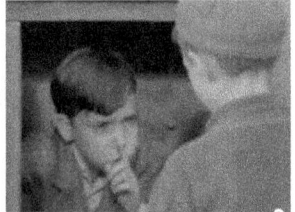

La habitación del niño (2007). Al principio de la película aparecen unos niños jugando al escondite.

Noche de graduación (1980). Película de terror donde aparecen unos niños jugando al escondite.

El jardín secreto *"The Secret Garden"*. (1993). Sofía, (la protagonista) tiene su escondite secreto en el jardín al que llama el callejón.

SALTO DE COMBA

En *"Fresh"* (1994) protagonizada por Samuel L. Jackson hay un par de escenas durante la película en la que aparecen niños jugando a la comba.

En un corto llamado *"pies de plomo"* aparece una niña jugando a la comba, el director utiliza el juego para introducir y dar a conocer al espectador el problema que tiene la protagonista con sus pies.

Frederick Charles Krueger, o simplemente Fred o Freddy, es el personaje de las saga de películas de terror A Nightmare on Elm Street, título original en EE. UU. (Pesadilla en Elm Street en España, Pesadilla En La Calle Del Infierno en México y Pesadilla en la calle Elm en Hispanoamérica). En **"Freddy Vs Jason"** (2003) largometraje de terror localizamos a tres niñas jugando a este juego infantil y cantando una canción coincidiendo con una pesadilla de la protagonista.

1, 2 ya viene por tí.
3 y 4 cierra la puerta.
5, 6 mira el crucifijo.
7, 8 no duermas aún.
9 y 10 nunca dormirás

Canción de las niñas en la película de Freddy Krueger

Pesadilla en la calle Elm (Nightmare on Elm Street) 2010

"The Fat Albert" (2004). Doris Roberts se queda asombrada cuando su personaje de la tele favorito, Fat Albert (Thompson) y los chicos Cosby salen de la televisión y se meten en su mundo real. Visitando un gran centro comercial el gran Alberto juega a la comba para demostrar una de sus tantas habilidades.

Knockabout es un film de 1979 dirigido por Sammo Hung. El principal protagonista es el joven Yuen Biao, que realiza impresionantes acrobacias.

Señales del futuro (2009). Escena donde aparece una niña saltando a la comba en un parque.

Salta (2007). Corbin Bleu de High School Musicalse entrena para convertirse en campeón de boxeo aunque mas tarde decide formar parte de un grupo que salta la comba.

Canicas 1939. (2005). Escena donde aparece una niña saltando a la comba en un descampado.

COLUMPIO

El niño con el pijama a rayas (2008). Bruno (Asa Butterfield) tiene ocho años y aparece en algunas escenas columpiándose.

El jardín secreto "*The Secret Garden*" (1993). Niña columpiándose

El escondite *"Hide and seek"* (2005). Niña columpiándose

CANICAS

Amélie (2001). La vida de Amélie es sencilla. Trabaja de camarera en un café en Montmartre. Un buen día descubre una vieja cajita de lata escondida en un hueco en su casa. En su interior descubre, uno a uno, los objetos personales que guardó un niño muchos años atrás: una fotografía, la figurita de un ciclista, recuerdos escolares a través de unas canicas...

Zurdo es una película mexicana del realizador Carlos Salces, lanzada en el año 2003. Un niño que es habilidoso jugando a las canicas y que nunca ha perdido un juego. Para el y sus amigos estas pequeñas esferas solo son eso, un juego en donde ganan o pierden canicas. Hasta que llega un desconocido al bar donde se reúne la mayoría de la colonia, y comienza a decir que el conoce a alguien que podría ganarle al zurdo. Y como es de esperar la gente de la colonia se solidariza con el zurdo y hasta apuesta a su favor. Aquí es donde un simple juego de canicas se convierte en toda una batalla de adultos, y le quitan la inocencia al juego.

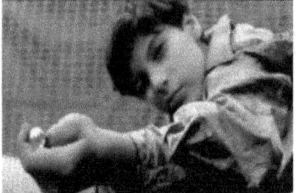

Valentina (1982). Dirigida por Antonio José Betancor basándose en la novela de Ramón J. Sender, 'Crónica del Alba'. Los actores protagonistas son Anthony Quinn y un joven Jorge Sanz que aparecen jugando a las canicas.

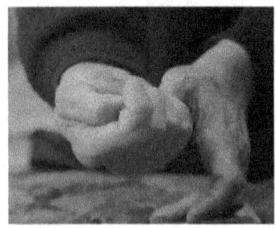

Men in black (1997). En la última escena de la película, la cámara se eleva hacia el cielo a través del espacio pasando por nuestro sistema solar, yendo más allá de millones de estrellas, en último lugar, revelando que nuestra galaxia está contenida en una esfera parecida a una canica. La esfera es recogida por un extraterrestre que la lanza, golpeando a otra, que contiene también una galaxia. Ambas son luego recogidas por la mano y son colocadas en una bolsa llena de galaxias contenidas por canicas.

  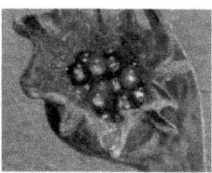

Solo en casa (1990). Escena en la que un actor se resbala con unas canicas.

"Canicas 1939" (2005). En el Madrid de 1939 un grupo de niños juega a las canicas, de repente un bombardeo sobre la ciudad hace que Mateo y Olivia tengan que esconderse en un sótano prometiéndose un feliz futuro juntos en Paris, pero mateo ha olvidado lo mas preciado de sus canicas en el parque.

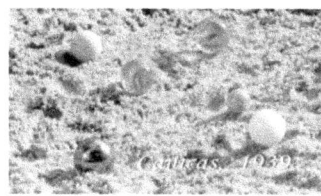 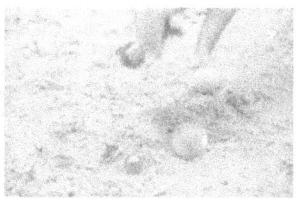

Canicas (2004).

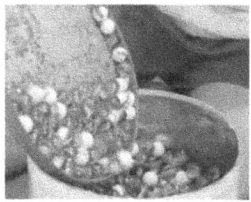

El Bola (2000). Pablo es un niño de 12 años algo conflictivo que se gana el apodo del "Bola" por la canica que siempre lleva en su bolsillo. Sin embargo su pequeño amuleto no le aporta mucha suerte en su corta vida.

 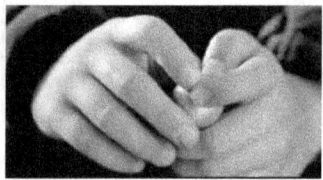

RODAR EL ARO

En la película ***"Tasio"*** (1984) vemos como dos hermanos juegan a rodar el aro.

HULA_HOP

The Blind Side (Un sueño posible). (2009). Escena donde aparece una chica jugando con el aro.

EL PILLA PILLA

"El Padrino" (1972). Vito juega con su nieto al pilla pilla.

COMETAS

Cometas en el cielo (The kite runner) (2007). 'Cometas en el cielo' abarca el drama Afgano bajo el régimen talibán a través de la biografía de Amir, un joven de Kabur que debe iniciar, como tantos otros, un éxodo hacia Estados Unidos a raíz de la invasión soviética en 1979.

RAYUELA

Rayuela es una novela publicada en 1963 por el célebre escritor argentino Julio Cortázar, quien fuese en vida uno de los grandes exponentes del Boom Latinoamericano.

Planet 51 (2009). Comedia alienígena de aventuras a nivel galáctico que gira en torno al capitán Charles "Chuck" Baker, astronauta americano que aterriza en Planet 51.

Buda explotó por vergüenza. Irán. (2007). Bajo la estatua de Buda que destruyeron los talibanes, aún viven miles de familias. Baktay, una niña afgana de seis años, es incitada a ir a la escuela por el hijo de sus vecinos que lee los alfabetos frente a su cueva. De camino a la escuela, es acosada por unos niños que juegan de forma cruel reflejando la sociedad tan violenta que los envuelve. Los niños pretenden lapidar a Baktay o destruirla como el Buda, o dispararla como hicieron los americanos en el laberinto de las cuevas.

JUEGOS DE IMITACIÓN

El niño con el pijama a rayas (2008) Bruno (Asa Butterfield) aparece en algunas escenas juagando a imitar aviones.

"Jeux D'enfants" (2002). Una escena de la película muestra a este chico (protagonista) simulando ser una nave espacial.

Buda explotó por vergüenza. Irán. (2007). Niños imitando escenas bélicas

JUEGOS DE CORRO

"Jeux D'enfants" (2002).

El jardín secreto "*The Secret Garden*" (1993).

SALTO DE PÍDOLA

GALLINA CIEGA

Napoleón (1927). Aparece Napoleón jugando a la gallinita ciega con los hijos de Josefina.

Camila (1984). El primer encuentro cara a cara de los amantes se da en el cumpleaños de Camila, ella ataviada con un vestido blanco y una venda en los ojos -como parte del juego "la gallina ciega"- se topa con el cura y siente la atracción de inmediato.

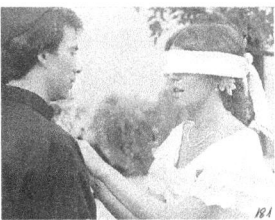

1,2,3 TOCA LA PARED (Pollito Inglés).

"El Orfanato" (2007). Juan Antonio Bayona (director) aprovecha el juego *1,2,3 toca la pared* para procurar más suspense a una de las escenas finales. Hay que decir que en este largometraje es de vital importancia para el argumento la utilización simbólica del juego popular.

Escena en donde Laura, tratando de encontrar a su hijo Simón,"juega" con los niños del orfanato.

PALMADAS

"Señales del futuro" (2009). Los juegos de palmas son juegos no competitivos que pertenecen a la tradición lúdica y oral. Se desarrollan entre dos o más jugadores, generalmente siguiendo un patrón libre o

establecido de palmadas con ambas manos al tiempo que se canta o recita una rima o retahíla.

***The Children* (The Children of Ravensback) abrazo mortal** (1980). Un autobús escolar cargado de pequeños escolares, al regresar de una excursión, atraviesa una nube de residuos tóxicos de una central nuclear cercana. Cuando el autobús no regresa, una de las madres sale en su busca, encontrándose el autobús volcado, al conductor extrañamente quemado y a los niños jugando despreocupados entre las tumbas.

POLLITO

Boys playing. **"Héja" fiúk játszanak.** Película muda de Alexander Gönyey de 1940.

JUEGOS DE SUERTE

El Bola (2000) *Juego del 1,2,3,4,5.*

Good luck chuck (2007). Juego de la "botella borracha".

CARRERA DE SACOS

Marcelino pan y vino **(1991)** dirigida por Luigi Comencini -se trata de una co-producción con Italia y Francia-con Fernando Fernán Gómez, Nicolo Paolucci -como Marcelino- y Alfredo Landa, que traslada la acción a la Edad Media. Junto a la carrera de sacos, al fondo aparece la cucaña.

JUEGOS PELIGROSOS

El Bola (2000). Se trata de un juego que se desarrolla en las vías de tren, que consiste en ver quien coge antes una botella antes de que pase el tren, y el que lo consigue antes gana pero hay que salir después de que el tren pase por un palo.

TODO ES UN JUEGO

Saw *Saw* estrenada en 2004 (titulada **El juego del miedo** a partir de la tercera entrega, ya que la primera y la segunda se las conoce como **Juego macabro).** Nos referimos a la película "saw" y todas sus películas posteriores. El film consiste en un juego que incluye un número de pruebas, las cuales los participantes tienen que ir superando en equipo, algunas pruebas, e individualmente otras, y el perdedor se va eliminando literalmente. Es una película en la que un hombre (llamada por todos: *Puzzle*) somete a diferentes pruebas a gente que por una causa u otra no han valorado la vida de las personas (incluso la suya propia). Puzzle interpreta esta serie de pruebas como un juego en el que ellos deben decidir si viven o si prefieren no hacerlo.

The game. El multimillonario Nicholas Van Orton (Michael Douglas) tiene todo lo que un hombre puede desear. Pero Conrad (Sean Penn), su díscolo hermano, aún es capaz de encontrar un regalo de cumpleaños que pueda sorprenderle: su ingreso en un club de ocio capaz de diseñar a su medida aventuras y pasatiempos exclusivos.

La vida es bella (en italiano y originalmente, *La vita é bella*) es una película italiana de 1997 en la que se narra cómo un italiano judío, Guido Orefice (interpretado por Roberto Benigni cada día inventa nuevos juegos en los cuales dice ganar puntos para conseguir el premio final "un tanque". Las escenas que suceden durante los campos de concentración ya las conocemos de otras películas que hemos visto con anterioridad, pero esta es diferente Guido (Roberto Benigni) se empeña en hacer creer a su hijo que todo es un juego y eso radica lo grandioso de la película en el amor, sacrificio y la imaginación de un padre para hacer de los momentos difíciles de su vida.

CAPÍTULO 8
APLICACIÓN DIDACTICA

La forma en la que el profesorado trabaja en relación a la adquisición y organización del conocimiento debería de cambiar. Según López (2002) "los cambios en la escuela son, históricamente, mucho más lentos que en la sociedad. La escuela, a pesar de tener presente algunos aparatos tecnológicos de información o de comunicación y convivir con esta nueva situación, aún permanece muy próxima de la didáctica tradicional, lo que no es compatible. Es decir, para que estos medios sean incorporados a la práctica educativa no es suficiente con su presencia en los centros, sino que el colectivo docente debe dominar diversos principios que garanticen un trabajo reflexivo y crítico".

Como indica Ferrés (1994), la televisión es actualmente el medio de comunicación de masas más extendido entre la población actual, por su difusión, poder, influencia y consumo. En los países industrializados ver televisión es la segunda actividad a la que más tiempo dedican los estudiantes, después del sueño. Puesto que las películas (cine) han sido desde sus orígenes un eficaz medio de transmisión de sentimientos, ideas, modas, comportamientos, actitudes…, se podrían aprovechar estas virtudes y bondades que nos ofrece dicho medio para convertir los mensajes que transmite, en un valioso instrumento o herramienta didáctica. Por tanto, este planteamiento puede contribuir a profundizar sobre el conocimiento de la apasionante práctica universal, como es el juego.

Bajo esta reflexión, "es importante la creación de una Educación en Medios de Comunicación, considerando la influencia ejercida por la prensa, la televisión, la radio, **el cine** y las nuevas vías de comunicación que la informática y la telemática posibilitan. En concreto, el cine hace algo más que entretener. Las imágenes proyectadas a través de una película ofrecen visiones del mundo, movilizan deseos, influyen sobre nuestras posiciones y percepciones de la realidad y nos ayudan a construir nuestra opinión sobre el mundo y sus entornos. Las películas permiten conocer la visión que una sociedad tiene de sí misma, siendo un punto de partida común desde el cuál los alumnos pueden analizar y comentar en la clase. Los niños aprenden a partir de una película. Ella les proporciona un nuevo registro cultural de lo que significa estar alfabetizado, además participa en la construcción de sus conocimientos" (Fernández, 2009).

A través de su visualización de películas se llega al aprendizaje de otras materias (interdisciplinariedad) de forma amena, y divertida. Se trata de aprovechar el componente didáctico de de estos recursos mediante la sensibilización o motivación de los educandos. Así, Alonso, Matilla y Vázquez (1996) interpretan que la concepción de la enseñanza de los medios no como una disciplina más, sino como un contenido en cierto modo transversal que habrá de ser tratado, al menos, en las áreas de educación plástica y artística, lenguaje y ciencias sociales, debe facilitar su rápida incorporación al currículo, sin que se haga necesaria la formación de un profesorado específico, sino la adaptación del profesorado ya existente.

Veamos algunos ejemplos, relacionados con la Interdisciplinariedad:

•**Literatura:** Fomento de la lectura comparando la películas con el texto de la obra literaria. Nadal y Pérez (1991) señalan que en relación a este análisis es interesante plantear actividades en las que se estudie la resolución de acciones o escenas en el lenguaje escrito de una novela y su correspondiente versión audiovisual, haciendo hincapié en los elementos expresivos utilizados en cada caso.

 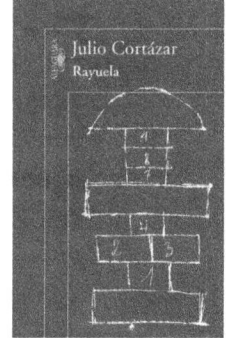

•**Nuevas Tecnologías**: (captura de pantalla de escenas, utilización de base de datos, etc).

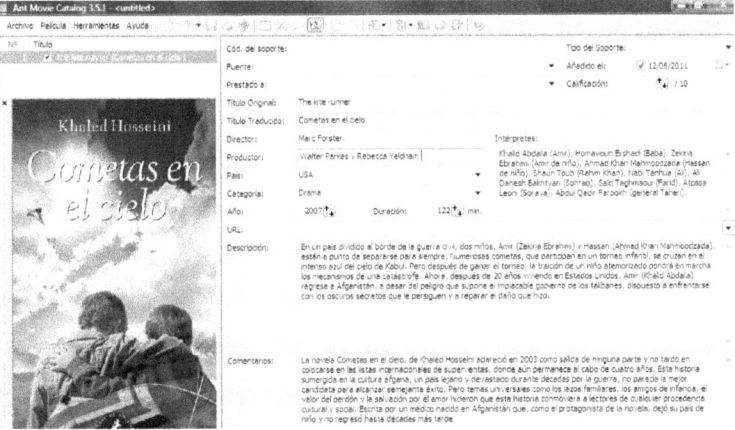

• **Educación plástica y visual:** Autoconstrucción de materiales

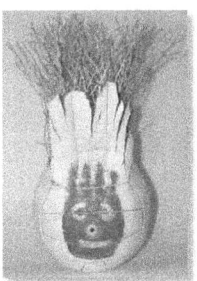

• **Historia:** Evolución de los materiales empleados en los juegos, vestimenta, modismos, tipos de juegos, olvidados, etc. Según Fernández (1989) el cine es el medio perfecto cuya función es reflejar el pasado del hombre y, en la actualidad, es uno de los instrumentos que sirven para reflexionar sobre una determinada época de su pasado próximo o remoto.

• **Geografía:** Podemos encontrar películas que presentan referencias del medio. "...En éstas hay innumerables imágenes de las que se puede extraer información, o incluso motivar la búsqueda de información: razas, climas, fauna y flora, etc" (Ferrés, 1994).

• **Idiomas:** Según Porcher (1980) la pedagogía de las lenguas extranjeras, se ha transformado mucho antes que la de la propia lengua y ha utilizado muy pronto los medios audiovisuales como parte integrante de la enseñanza.

• **Ciencias:** Masterman (1993), indica que algunas películas de género de la ciencia ficción se hacen constantes referencias a la ciencia y a la tecnología en diversas películas. Por ello, se podría fomentar la motivación del alumnado y a la vez señalar la relevancia de la ciencia escolar mediante el establecimiento de conexiones entre los temas científicos planteados en los medios y los principios científicos en que éstos se basan, que son tratados en la escuela.

• **Música:** Martínez-Salanova (2002) apunta que el mundo de la música está presente en el cine, no solamente como acompañamiento sonoro, sino como elemento argumental. En algunos juegos de comba, palmadas, etc, estos van acompañados de elementos rítmicos y retahílas.

En definitiva, lo que perseguimos con este estudio es:

- Fomentar el análisis de diferentes formatos y soportes (cine) por medio de actividades novedosas de motivación.

- Motivar al profesorado en formación inicial al análisis crítico mediante la búsqueda de imágenes cinematográficas que hagan referencia al juego tradicional.

- Comprobar que en algunas películas existen escenas alusivas al juego tradicional.

- Demostrar que los juegos tradicionales son parte de la cultura y de las sociedades a lo largo de la historia.

- Comprobar la capacidad del alumnado sobre un visionado detenido y comprensivo y saber como entienden los contenidos de actividad física que aparecen en los textos de la literatura.

- Demostrar el interés interdisciplinar del trabajo de colaboración entre diferentes áreas que integran el currículum universitario, susceptible de ser ampliado posteriormente a otros ámbitos de la enseñanza.

- Desarrollar la expresión oral y corporal mediante escenificaciones en las clases prácticas de EF.

Rodríguez Diéguez (1986) explica el aprovechamiento didáctico que puede tener los dibujos animados, ya que puede ayudar en la escuela a conseguir unos objetivos o a desarrollar unas actitudes determinadas. Basándonos en este autor nuestro propósito con esta experiencia, es que el alumnado aprenda a utilizar el cine (películas) como medio para favorecer su aprendizaje y formación en las diferentes áreas que constituyen el currículo y en especial en el área de Educación Física.

Mediante la puesta en práctica de diversas actividades pretendemos que el alumnado llegue a:

- Identificar el mayor número de juegos tradicionales en las películas.
- Clasificar los datos e imágenes obtenidas en los bloques de contenido del área de EF.
- Mejorar la actitud de los estudiantes hacia la asignatura de Educación Física en particular, y de las demás áreas en general.
- Sensibilizar positivamente sobre el fenómeno televisivo (cine), mediante la observación crítica y analítica de aspectos relacionados con los juegos tradicionales.

- Conectar los dominios de conocimiento científico, cotidiano y escolar.
- Utilizar las nuevas tecnologías de la información y la comunicación como instrumento para "aprender a aprender" (Tratamiento de imágenes, capturar imágenes de la pantalla, etc).
- Fomentar el análisis crítico y sensibilizar sobre la educación en valores, fairplay, educación no sexista, etc.

CAPÍTULO 9
PROSPECTIVA DE FUTURO Y CONCLUSIONES

Para posteriores investigaciones, en las que la práctica lúdica tradicional sea la protagonista, proponemos que se analicen otro tipo de soportes iconográficos y documentales, y que en la actualidad no han sido objeto de estudio, como son: portadas de libros, publicidad, dibujos animados, teatro, series de televisión, letras de canciones, etc ya que ninguno de estos recursos está exento de un eminente valor social y educativo, y pueden contribuir a dinamizar y potenciar la cultura entre los diferentes pueblos.

Tambien sería interesante analizar otras actividades y elementos lúdico deportivos y recreacionales que puedan contemplarse en el cine y que sean suceptibles de ser analizados como son: el ajedrez, los juegos de mesa, los juguetes, deportes tradicionales, etc.

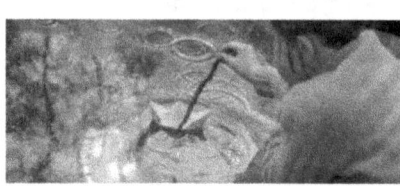 

Independientemente del soporte o formato en el que nos encontremos el juego y todo lo relacionado con lo lúdico, este no debería entender de edad, clase social, religión, cultura, raza, etc y sería conveniente que estuviera inmerso y formara parte de las sesiones o entrenamientos que se llevan a cabo en el alto rendimiento, en la iniciación deportiva, durante las clases de Educación Física en Educación Primaria, Secundaria, Ciclos Formativos, ámbito universitario, etc, no solo por su evidente valor educativo y formativo, si no también, como un instrumento imprescindible de aprendizaje de elementos técnicos, mejora de la condición física mediante elementos motivantes y por supuesto como un instrumento socializador.

Aunque por razones obvias, ha sido imposible analizar el extenso universo filmográfico existente y guiándonos quizás por cuestiones meramente de añoranza o de tipo nostálgico, echamos en falta juegos que por su carácter universal, no aparecen o al menos no hemos localizado en las películas analizadas. Nos referimos a: Carrera de sacos; Elástico; Policías y ladrones; Teléfono; Chapas; Cuatro esquinas; Soga-tira; Seguir a la madre; Pase misí; silleta de la reina; pies quietos, balón prisionero, piedra, papel tijera, churro, mediamanga, mangotero, el cortahilos, tres en raya; calienta manos; ocupar la silla; A los médicos; a,e,i,o,u" ó "1,X,2"; la cerilla; Las prendas; látigo; Mosca; Rongo o lima; Tapa culos; etc.

Miravalles (1998) subraya que es frecuente que la mayoría de las películas que se proyectan en los centros de enseñanza sean de carácter didáctico, para ilustrar y complementar un determinado contenido, pero de ninguna manera son las películas que los alumnos suelen elegir para ver por propia voluntad en las salas de pago, es decir, las que prefieren para disfrutar. El cine suele ser un recurso que se viene utilizando como material auxiliar o complementario de las clases, que de alguna manera sirve al profesorado para complementar su tarea docente.

Por consiguiente, compartimos con Fombona (1997) la idea de que es necesario salir de la rutina de ilustrar con la imagen para profundizar en el valor del medio fílmico como un lugar de discurso histórico, filosófico, literario, estético, artístico, etc. La imagen es apta para otro modelo didáctico de carácter participativo que puede convertir el proceso de enseñanza-aprendizaje en un acto con sentido en sí mismo y en su respectivo contexto.

El impacto emocional del cine actúa como catalizador para que ese paso de lo sensible a lo racional se pueda ejercitar con mayor motivación (Ferrés, 2004, 16), llegando incluso a conmover el plano de la propia conducta de tal manera que las valoraciones críticas no terminen en frías abstracciones mentales sino en auténticas implicaciones personales

Coincidimos con Santos Guerra (1984), cuando se cuestiona sobre cuál será la posibilidad de que un educador «analfabeto», ya que no podrá enseñar a «leer» y a «escribir» el lenguaje audiovisual, y como destaca dicho autor, en muchos casos, el educador no es capaz de afrontar una tarea auténticamente educativa porque no está preparado para ello» por lo que proponemos a las administraciones públicas el fomento de cursos de formación impartidos por expertos en la materia, con el fin de compensar estas deficiencias.

Por último, también nos identificamos con Sancho (1994), cuando expresa: "el profesorado o los teóricos de la educación sólo parecen estar dispuestos a utilizar y considerar las tecnologías que conocen, dominan y con las que se sienten mínimamente seguros, por considerarlas no perniciosas, no prestando atención a las producidas y utilizadas en la contemporaneidad, dificultando a su alumnado la comprensión de la cultura de su tiempo y el desarrollo del juicio crítico sobre ellas".

Cantautor: **Joaquín Sabina Letras**
Álbum: **El Hombre del Traje Gris**
Año: 1988
Titulo: *Una De Romanos*

Era condición esencial organizar bien el modo
de entrar en la semi oscuridad blanca y negra del No-do.
Y mientras en el circo un león se merendaba a un cristiano
la nena se dejaba besar que no la pille su hermano.

Si estrenaban Cleopatra y pedían el carnet
yo iba con corbata y pomada que cura el acné.
Hasta que aquella bici de mi niñez se fue quedando sin frenos
y en la peli que pusieron después nunca ganaban los buenos.

Y mientras en pantalla prendía fuego a Roma Nerón
contra la última valla del cine y en calcetines aprendimos tú y yo

Juegos de manos, a la sombra de un cine de verano.
Juegos de manos, siempre daban una de romanos.

REFERENCIAS BIBLIOGRÁFICAS

Aguaded, J.I. (1995). *Comunicación audiovisual en una enseñanza renovada. Propuestas desde los medios.* Huelva: Grupo Pedagógico Andaluz. Prensa y Educación.

Alexander, M., May, M.N., y Pettice, Y.J. (1994). Cinem education: an innovate approach to teaching psychosocial medical care. *Fam Med*, 26, 430-3.

Almacellas, M.A. (2002). Medios Audiovisuales en la Escuela y Formación de Espectadores Críticos, *Retos de la nueva sociedad de la información*, 2, 195-208.

Alonso, M., Matilla, L., y Vázquez, M. (1996). *Teleniños públicos. Teleniños privados.* Madrid: La Torre.

Amar, V.M. (2003). *Comprender y disfrutar el cine. La gran pantalla como recurso educativo.* Huelva: Grupo Comunicar Ediciones.

Aparici, R. (2004). "Educación para la comunicación en tiempos de neoliberalismo", en www.rebelion.org/medios/040415ra.htm (29-09-05).

Aumont, J. y Marie, M. (2002). *Análisis del film.* Barcelona: Paidós.

Bantulá J. y Mora, J.M. (2002). *Juegos multiculturales 225 juegos tradicionales para un mundo global.* Barcelona: Paidotribo.

Baños, J.E., Aramburu, J.F., y Senti, M. (2005). Biocinema: la experiencia deemplear películas comerciales con estudiantes de Biología. *Revista de Medicina y Cine* [en línea]. Abril 2005, núm 2[consulta 20 julio, 2006].

Bosch, F. y Baños, J.E. (1999). Empleo de películas comerciales en la docencia de la farmacología. *Educ Med*, 4 (2), 197.

Burgos, E. (2008). El cine como estrategia didáctica en la enseñanza de las Ciencias Sociales. Octubre. www.medellin.edu.co/sites/Educativo/Docentes/ciencias sociales.

Campbell, D.T. y Stanley, J.C. (1988). *Diseños experimentales y cuasi experimentales en la investigación social.* Buenos Aires: Amorrortu Editores.

Campbell, J.C. (2002). Health consequences of intimate partner violence. *Lancet*, 359, 1331-6.

Caparros, J.M. (2004). *100 películas sobre historia contemporánea*. Madrid: Alianza Editorial.

Casanova, O. (1998). *Ética del silencio*. Madrid: Alauda-Anaya.

Chaparro, F. (2011). *El cine como instrumento de análisis de estereotipos y valores en la formación inicial desde una triple perspectiva*. Pontevedra.

Coca, F. y Herrador, J. (2011). La actividad lúdica en los soportes publicitarios.http://www.efdeportes.com/efd149/la-actividad-ludica-en-los-soportes-publicitarios.htm.

Coll, M., Selva., M. y Solà. A. (1995). El filme como documento de trabajo escolar. *Cuadernos de Pedagogía*.

Collis, D. y Morcillo, J. (2006). *El cine, una experiencia educativa XIX concurso para el fomento de la investigación e innovación educativa*. Sevilla: Junta de Andalucía. Consejería de Educación.

Correa, E. y Carreter F. (1989). *Cómo se comenta un texto literario*. Madrid: Cátedra.

De la Torre, S. (coord.) (1996). *Cine formativo. Una estrategia innovadora para los docentes*. Barcelona, Octaedro.

De Pablos, J. (2006). El cine y la pintura: una relación pedagógica. Una aproximación a Víctor Erice y Hopper Edward. *Revista de comunicación y nuevas tecnologías*, 7.

Dios, M. (2001). *Cine para convivir*. Santiago de Compostela: Toxo Soutos.

Falzón, C.H. (2004). *La filosofía va al cine*. Madrid: Tecnos Alianza.

Farrés, J. (1994), "Pedagogía de los medios audiovisuales y pedagogía con los medios audiovisuales", en Sancho, J.M. (Coord.): *Para una tecnología educativa*, Barcelona, Horsori; 115-142.

Feria, A. (1994). Formación del profesorado en medios de comunicación. En Aguaded, J.I. y Feria, A. (Dirs.), *¿Cómo enseñar y aprenderla actualidad?* Huelva, Grupo Pedagógico Andaluz «Prensa y Educación», 29-31.

Fernández. A. L. Tesis doctoral (2009). *Aprender a ver cine: diseño y evaluación de un programa didáctico para la formación de jóvenes espectadores cinematográficos portugueses*. Universidad de Huelva.

Fernández, J. (1989). *Cine e historia en el aula.* Madrid: Akal.

Ferrés, J. (1994). *Televisión y educación. Papeles de Pedagogía,* Barcelona, Paidós.

Ferrés, J. (2004). La raó com a problema, l'emoció com a solució en Obsevatori europeu de la televisió infantil, Els treballs del Naos nº 6, Comissionat de les Arts Audiovisuals de Barcelona.

Fombona, J. (1997). *Pedagogía integral de la información audiovisual. Conocer, producir y actuar sobre la imagen informativa.* Gijón: Universidad de Oviedo.

García Marín, C. y Martínez, A. (2004). *El juego de las cuatro esquinitas del mundo.* Madrid: Los libros de la catarata.

García, M. y Ruiz M. (2009). *El derecho en el cine español contemporáneo.* Valencia: Tirant lo Blanch.

García-Sánchez, J.E., Frenadillo, M.J. y García-Sánchez, E. (2002). El cine en la docencia de las enfermedades infecciosas y la microbiología clínica, *Enferm Infecc Microbiol Clín*, 20 (8), 403-6.

Gómez, J. (2000). *Tecnologías de la información y la comunicación en el aula: cine y radio.* Madrid: Seamer.

Hernández, M. (2000). *El cine, un recurso didáctico en E/LE. Modelo de explotación de una película "El Bola" España, 2000.* Italia: Instituto Cervantes.

Hernández Sampieri, R., Fernández Collado., C. y Baptista Lucio, (1991). *Metodología de la investigación.* México: McGrawHill.

Herrador, J. A. (2003). Juegos y actividades lúdico-recreativas en la pintura de Goya y su aplicación didáctica en Educación Física. En *V Jornadas de Innovación Pedagógica* Attendis. Algeciras.

Herrador, J. A. (2011). "Los juegos tradicionales en el arte urbano". En Actas *VII Congreso Nacional de Ciencias del Deporte y la Educación Física,* Pontevedra, Universidad A Coruña.

Herrador, J. A. (2010). "Los juegos tradicionales en la filatelia: Estudio praxiológico y multicultural de la actividad lúdica", www.accionmotriz.comjuegos20motores.html.

Icart, M.T., Pulpón, A.M., Icart, M.C. (2007). Metodología de la investigación y cine comercial: claves de una experiencia docente, *Educación Médica*, 11(2),13-18.

Irureta, P. y Aquesolo, J. (1995). *El deporte en el cómic: muestra documental.* Madrid: Consejo Superior de Deportes.

Lavega, P. (2000). *Juegos y deportes populares y tradicionales* Barcelona: INDE.

Lavega., P. Molina, F., Planas., A. Costes, A. y Ocariz, U. (2006). Los juegos y deportes Tradicionales: Entre la tradición y la modernidad. *Apunts Educación Física y Deportes.*

Lleixá, T. (2002). *Multiculturalismo y educación física.* Barcelona: Paidotribo.

López, F. (2002). «Introducción», en Alás, A.: Las tecnologías de la información y de la comunicación en la escuela. Barcelona, Graó.

Loscertales, F. (2001). *Violencia en las aulas, el cine como espejo social.* Barcelona: Octaedro.

Maceiras, D. (1996). Fotohistoria en Puerto Real. Síntesis de un trabajo: la recuperación de la imagen perdida. *En IV Jornadas de Historia de Puerto Real.* Puerto Real, Ayuntamiento de Puerto Real.

Malo, J. y López, G. (2008). La coeducación e igualdad de los sexos en el contexto escolar y en la actividad física de Educación Física según la LOE. *http://www.efdeportes.com/ Revista Digital* - Buenos Aires - Año 13 - Nº 127.

Marín, J. (2004). Valores educativos del deporte en el cine. *Revista Científica de Comunicación y Educación*, 23, 109-113.

Marín, J. (2004). "Comunicar": *Revista científica iberoamericana de comunicación y educación*, 23, 109-113.

Martinet, A. (1994). *Le cinéma et la science.* París: CNRS Éditions.

Martínez, E.M. y Gónzalez, M.P. (2009). ¿La creatividad como competencia universitaria? La visión de los docentes", *Revista de Formación e Innovación Educativa Universitaria*, 2 (2), 235-48.

Martínez-Salanova, E. (2002). *Aprender con el cine, aprender de película. Una visión didáctica para aprender e investigar con el cine.* Huelva, Grupo Comunicar.

Martínez-Salanova, E. (2006). *Cine y Educación*. Huelva.

Ménendez, A. y Medina, R.M. (2003). *Cine, historia y medicina*. Madrid.

Mestre, J. (1973). *Goya o los Juegos y Recreos de una Sociedad Española*, Madrid: *Deporte 2000*.

Miravalles, L. (1998). Cómo disfrutar del cine en el aula. *Comunicar*, 11, 63-69.

Mitry, J. (1986). Estética y psicología del cine. *Las formas*. 2.

Moix, T. (1995). La gran historia del cine. *ABC. Blanco y Negro*.

Moragas, M. (1994). Deporte y medios de comunicación", *Telos,* 58, 58-62.

Morduchowicz, R. (2002). *Comunicación, medios y educación*. Barcelona: Octaedro.

Muñoz, F.J., Rodríguez, M.M., García, J y Morales, J.M. (2006). El cine como herramienta didáctica en la formación enfermera. *Tempos Vitalis. Revista Internacional de Cuidados,* 6, 38-47.

Nadal, M. y Pérez, M. (1991). *Los medios audiovisuales al servicio del centro educativo*. Madrid: Castalia y Ministerio de Educación y Ciencia.

Palacios, S. L. (2007). El cine y la literatura de ciencia ficción como herramientas didácticas en la enseñanza de la física: una experiencia en el aula. *Rev. Eureka. Divulg. Cien,* 4 (1), 106-22.

Parlebas, P. (1998). « Jeux d'enfants d'après Jacques Stella te culture ludique au XVII siècle en *A quoi joue-t-on? Pratiques te usages des jeux et JOUET à travers las Ages* (Festival d'Histoire de Montbrison (Separata), pp. 321-354. Pedagógica para padres y educadores. Barcelona: PPU.

Parlebas, P. (2001). *Juegos, Deporte y Sociedad. Léxico de Praxiología motriz*. Barcelona: Paidotribo.

Pereira, C. (2005). *Los valores del cine de animación. Propuesta pedagógica para padres y educadores*. Barcelona: PPU.

Pereira, C. y Urpí, C. (2005). Cine y juventud: una propuesta educativa integral. *Revista de estudios de Juventud,* 68.

Pereira, M.C. (2003). *El cine nuevo escenario de la educación*. En: Romaña M.T., Martínez M. (edit). Otros lenguajes en educación. Barcelona, ICE Universidad de Barcelona, 101-105.

Pereira, M.C. (2005). Cine y educación Social. *Revista de Educación*. Monográfico-Educación no Formal, 338, 225-228.

Pereira, M.C., Urpi, M.C. (2004). El cine en la escuela informal de nuestra juventud. *Cuadernos de Cine y Educación*, 28, 233-255.

Platas, A. (1994). *Literatura, cine, sociedad*. A Coruña: Tambre.

Plath, O. (1998). *Origen y folclor de los juegos en Chile*. Santiago de Chile: Grijalbo.

Población, A.J. (2004). *Las matemáticas en el cine*. Granada: Real Sociedad Matemática Española.

Pró, M. (2003). *Aprender con imágenes. Incidencia y uso de la imagen. Estrategias de aprendizaje*. Barcelona: Paidós.

Reenson, R. (1995), *El deporte, una historia en imágenes*. Madrid: Consejo Superior de Deportes.

Rodríguez Diéguez, J.L. (1986). *El cómic y su utilización didáctica. Los tebeos en la enseñanza*. Barcelona: Ed. Gustavo Pili.

Romea, C. (2005). "El cine como elemento educativo y formativo", en Torre, S. de la, Pujol, M.A. y Rajadell, N. (Coords.): *El cine, un entorno educativo*. Madrid, Narcea; 37-53.

Ruiz, F. (1998). Preliminares para una didáctica del cine: la detección de ideas previas. *Comunicar*, 11, 37-42.

Salvador Alonso, J.L. (2004). *Cine y deporte*. INEF de Galicia. Galicia: Universidad da Coruña.

Sánchez, J. (2002). *Historia del cine. Teoría y géneros cinematográficos, fotografía y televisión*. Madrid: Alianza.

Sancho, J.M. (1994). La tecnología: un modo de transformar el mundo cargado de ambivalencia, En Sancho, J.M. (Coord.): *Para una tecnología educativa*. Barcelona, Horsori, 13-38.

Santos Guerra, M.A. (1984). *Imagen y educación*. Madrid: Anaya.

Siles, J. (2007). Origen de la enfermería en el cine: el género histórico documental y biográfico.http://descargas.cervantesvirtual.com/servlet.

Tomas, M.C. (2006). *La vida humana a través del cine. Cuestiones de antropología y bioética.* Madrid: Editorial Internacional Universitaria.

Vázquez Gómez, G. (1994). Dimensión teórico-práctica de la educación, en Castillejo,J.; Vázquez, G.; Volom, A. J. y Sarramona, J. *Teoría de la educación,* Madrid, Taurus.

Wilbur, L., Higley, M., Hatfield, J., Suprenant, Z., Taliaferro, E y Smith, D.K. (2001). Violence: recognition, management and prevention. Survey results of women who have been strangled while an abusive relationship, *Emerg. Med.,* 21(3), 297-302.

Zagalaz, Mª L. (2007). La actividad física en la literatura. Mira por donde: Autobiografía razonada. *INDEref – Revista de Educación Física.* 89.